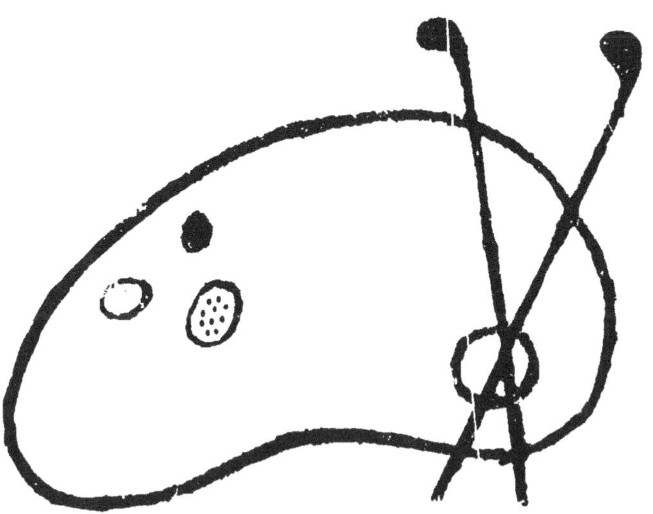

Début d'une série de documents
en couleur

LOUIS GUIBERT

LES ENCLAVES POITEVINES

DU DIOCÈSE DE LIMOGES

L'ENCLAVE DE BOURGANEUF

ET DE

PEYRAT-LE-CHATEAU

LE BAILLIAGE DE LARON

ET LA VILLE FRANCHE DE MASLÉON

LIMOGES

IMPRIMERIE-LIBRAIRIE Vᵉ H. DUCOURTIEUX

7, RUE DES ARÈNES, 7

1886

Fin d'une série de documents
en couleur

LES ENCLAVES POITEVINES

DU DIOCÈSE DE LIMOGES

Carte
du Diocèse de
Limoges
avant la Révolution.

Poitou

Basse Marche

Berry

Bourbonnais

Haute Marche

Combrailles

Auvergne

Haut Limousin

Bas Limousin

Périgord

Quercy

Signes conventionnels
Abbayes
Chapitres
Archiprêtrés
Prieurés
Limites de Diocèse
Limites de Provinces

Nota — Les territoires restés
poitevins en 1789 sont
indiqués par des hachures.

· Almanach limousin pour 1886.

LOUIS GUIBERT

LES ENCLAVES POITEVINES

DU DIOCÈSE DE LIMOGES

L'ENCLAVE DE BOURGANEUF

ET DE

PEYRAT-LE-CHATEAU

LE BAILLIAGE DE LARON

ET LA VILLE FRANCHE DE MASLÉON

LIMOGES

IMPRIMERIE-LIBRAIRIE Vᵉ H. DUCOURTIEUX

7, RUE DES ARÈNES, 7

—

1886

DU DIOCÈSE DE LIMOGES

L'ENCLAVE DE BOURGANEUF ET DE PEYRAT-LE-CHATEAU

LE BAILLIAGE DE LARON

ET LA VILLE FRANCHE DE MASLÉON (1).

Lorsque le voyageur, après avoir dévalé, par une pente un peu rapide, des sommets que couronnent et défendent les bastions de Montlouis, avance dans la Cerdagne, toute embaumée d'effluves méridionales, toute resplendissante de soleil, mais rafraîchie sans cesse par les ruisseaux de la montagne, — il aperçoit sur sa droite les murs sombres d'un groupe assez considérable de maisons, formant comme une tache noire au centre même de ce riant paysage : c'est la vieille ville romaine de Llivia, demeurée espagnole au beau milieu de cette plaine française et reliée au territoire Catalan par un chemin neutralisé où circulent fièrement les contrebandiers des deux pays. L'origine de cette enclave est singulière ; elle doit, dit-on, son existence aux termes trop précis d'une phrase du traité des Pyrénées ou des préliminaires de cet acte fameux. Il y était dit que Sa Majesté Catholique cèderait au Roi Très Chrétien, avec le Roussillon, un certain nombre de villages du versant méridional, à l'est de la vallée de Carol. Llivia avait le titre de ville, tout comme Puycerda, sa voisine — *esta eroïca ciudad,* — ainsi que celle-ci se qualifie elle-même avec une modestie qui porterait le voyageur à la rattacher à la Gascogne. — On jugea qu'elle n'était pas comprise dans la cession : elle resta espagnole, et depuis plus de deux siècles, notre diplomatie n'a pas trouvé le moyen de faire disparaître de la frontière française cette véritable monstruosité. Vainement les commissions pour la rectification des limites des deux pays se

____

(1) Parmi ceux de nos confrères qui ont bien voulu nous fournir des notes pour cette étude, nous devons des remercîments tout particuliers à MM. C. Rivain, archiviste aux archives nationales ; A. Richard, archiviste du département de la Vienne ; A. Leroux, archiviste de la Haute-Vienne, et Z. Toumieux, notaire à Royère.

sont succédé, aucune n'a aperçu les inconvénients très graves qu'offre, sous plusieurs rapports, le maintien d'un état de choses dont tout le monde, au surplus, a fini par prendre son parti : nos commissaires spéciaux de police, nos douaniers et nos gendarmes, comme les « Inspecteurs de Vigilance », les gardes civils et les carabiniers de nos voisins.

Des enclaves analogues et non moins gênantes existaient sous l'ancien régime dans plusieurs de nos provinces. La Révolution seule a pu les faire disparaître. L'histoire de ces cantons, fort éloignés parfois du territoire auquel ils se rattachaient, serait beaucoup plus difficile à débrouiller et à retracer que celle de Llivia. Toutes ou presque toutes ces enclaves remontaient, en effet, à une date fort reculée. Peu de chroniqueurs donnent des indications précises et satisfaisantes sur ces pénétrations territoriales, dont l'origine plonge dans les ténèbres du haut moyen âge, peut-être même, pour certaines contrées, dans les obscurités bien plus profondes et dans le lointain bien autrement inaccessible de l'époque antérieure à la conquête de la Gaule par César... Quel savant écrira sur ce sujet si peu connu, hérissé de tant d'écueils et néanmoins si intéressant, le livre qui nous donnera le mot de quantité de petites énigmes? En attendant cet ouvrage, auquel son futur auteur n'a peut-être pas encore songé, il ne nous est pas défendu d'appeler sur ce point très noir l'attention de nos laborieux confrères et de donner quelques renseignements sur les enclaves qui existaient dans le diocèse de Limoges avant 1789, en particulier sur celle qui formait l'élection de Bourganeuf.

Les cartes géographiques générales ressemblent assez aux moyennes de la statistique. Elles ne peuvent donner une idée approximative de la vérité dans son ensemble, qu'à la condition d'être absolument et constamment inexactes dans les détails. Jetez les yeux sur une carte de la France au xviii° siècle. — Comme cette division paraît simple ! Comme la délimitation des provinces, gouvernements ou généralités est aisément saisie par le regard ! Rien de plus largement tracé, de plus clair, de plus facile à retenir..... Mais qu'il vous prenne l'envie d'étudier les choses de plus près, d'examiner à la loupe ces courbes si arrondies, si pleines au premier aspect, et, comme le touriste qui, en approchant de la montagne, voit le sommet de celle-ci se détailler en dentelures capricieuses et se diviser de plus en plus, vous allez voir cette simplicité apparente faire place à la plus inintelligible complication.

La région qui forme, au nord, les premières assises du plateau central porte la trace de nombreux remaniements politiques. Tout atteste combien l'organisation féodale a été, dans la zône dont il s'agit, laborieuse et tourmentée. Cette pénible formation avait eu pour conséquence un état très remarquable de morcellement et d'enchevêtrement de territoires : état qui, bien que corrigé à plusieurs reprises par le gouvernement royal sous l'empire de considérations fiscales ou de nécessités administratives, n'en subsistait pas moins en grande partie aux derniers jours de l'ancien régime.

Dans la contrée qui nous occupe, il n'existe qu'une unité territoriale réelle, qu'un groupe compact : le diocèse, dont la circonscription a elle-même emprunté, à peu de chose près, les limites de l'ancienne province romaine, reproduisant d'ordinaire celles de la peuplade gauloise. Le diocèse primitif de Limoges a une étendue considérable. Avec la totalité des territoires actuels de la Haute-Vienne, de la Creuse et de la Corrèze — moins quelques localités au nord de la première et au nord et à l'est de la seconde, appartenant aux diocèses de Poitiers, de Bourges et de Clermont (1), et quelques lambeaux de terrain au sud de la troisième, qui ont pu dépendre du diocèse de Cahors, — il comprend à l'origine le territoire d'une quarantaine de paroisses de l'arrondissement actuel de Confolens, rattachées aujourd'hui au diocèse d'Angoulême; un plus grand nombre peut-être de paroisses des arrondissements actuels de Périgueux et de Nontron; enfin un canton d'une certaine étendue au nord du Lot et peut-être aussi quelques petites parties du Puy-de-Dôme. Tout cela d'un tenant, compact, arrondi, sans enclave, sans appendice allant s'égarer au milieu d'un autre diocèse.

A la réserve de quelques portions de territoire rognées, sur les bords de ce vaste périmètre, au profit des diocèses de Cahors, de Clermont et de Périgueux, entre le milieu du VIIe et la fin du xe siècles (2), et des cinquante-deux paroisses dis-

______

(1) Bussière-Poitevine et Darnac, au nord-ouest de la Hte-Vienne, paraissent avoir toujours relevé de l'église de Poitiers, et Saint-Sébastien, Azerables, Bazelat, Crozant et La Chapelle-Baloue, au nord-ouest de la Creuse, appartenu à celle de Bourges. — Crocq, Basville, Mérinchal, Mautes, La Mazière, Dontreix, Lioux, Chard, Chatelard, La Celle-Barmontoise, à l'est de la Creuse, qui étaient compris, en 1789, dans le diocèse de Clermont, avaient-ils, à l'origine, appartenu à celui de Limoges? Il est permis d'en douter.

(2) M. Deloche, *Cartulaire de Beaulieu.* Introd., pages 135, 139, 147, etc.

traites en 1317 pour former le ressort du petit évêché de Tulle, — le vieux *pagus* limousin se présente à nous, à la veille de la Révolution, avec la même homogénéité en tant que circonscription religieuse; mais il s'en faut qu'au point de vue politique et féodal il en soit de même. Peut-être l'unité a-t-elle primitivement existé et s'est-elle maintenue sous les comtes des deux premières races; mais elle a fait place, dès le xe siècle, à un état de morcellement dont nous n'avons même pas la notion complète. — Entre les états du comte d'Angoulême, du comte de la Marche et des vicomtes de Limoges et d'Aubusson, nombre de possesseurs de fiefs relevant directement soit du roi, soit du duc d'Aquitaine, ont maintenu leur indépendance, et leurs terres formeront le noyau de ces enclaves destinées à survivre au régime féodal qui leur a donné naissance, et à perpétuer, sous la monarchie centralisatrice, les vieux priviléges et les anomalies d'un état politique depuis longtemps disparu.

Si l'on étudie avec attention la carte politique de l'ancien pays limousin au xviiie siècle, on aperçoit d'abord, se dessinant avec netteté, au nord-est, une première enclave d'une certaine importance : c'est la Combraille, qui correspond du reste, dit-on, au territoire d'une petite peuplade gauloise. Elle comprend vingt-huit paroisses, appartenant presque toutes aux cantons actuels de Chambon, d'Auzances et d'Évaux, — soit un territoire d'environ 68,000 hectares, occupé aujourd'hui par 29 à 30,000 habitants environ. La Combraille était placée sous une juridiction spéciale, qu'exerçaient un bailli d'épée et un juge décoré, au xviie siècle et peut être dès le xvie, du titre de lieutenant général. Cette petite province suivait la coutume de la Basse-Auvergne, relevait du siège sénéchal d'Aigueperse et du Présidial de Riom, et appartenait au gouvernement militaire de Clermont; mais pour l'administration et les finances, elle était rattachée à la Généralité de Moulins. Une des six châtellenies de La Combraille, Gouzon, ressortissait du reste à la sénéchaussée de Moulins (1).

Le Franc Alleu, qui touchait à la Combraille, avait Bellegarde pour chef-lieu et comprenait trois autres paroisses : Crocq, Saint-Aignan, Saint-Maurice, plus plusieurs villages de Bosroger, Clairavaux, La Courtine, La Celle-Barmontoise, Féniers, Flayat, La Chaussade, Magnat, La Mazière-aux-Bonshommes, St-Georges-Nigremont, St-Merd-la-Breuille, St-Pardoux-

---

(1) Archives Haute-Vienne, C 7 : notes de l'abbé du Masbaret.

d'Arnet et Saint-Sylvain-Bellegarde, — soit une superficie de 24,000 hectares au plus, avec une population actuelle de 9 à 10,000 habitants(1). La prévôté royale de Bellegarde, qui avait dépendu jusqu'en 1636 du Présidial de Riom, fut rattachée à cette époque à celui de Guéret.

A partir du XVIe siècle, la Marche ressemble à un cours d'eau dont le lit serait demeuré en partie à sec. De larges espaces de terres Limousine et Poitevine séparent, comme des traînées de sable, ses territoires mal reliés entre eux. Le Limousin proprement dit est plus homogène ; mais deux longues excroissances Poitevines enserrent les anciens états du vicomte et de l'évêque de Limoges, et rappellent encore, au siècle dernier, la vieille étreinte, dure et menaçante, des comtes de Poitiers, du Xe au XIIe siècles.

Au nord-ouest, du canton dont Charroux, le noyau de la Marche primitive (2), est resté le centre religieux, se détache une bande de terre inégale, tourmentée, revenant plusieurs fois sur elle-même, s'enfonçant entre le Limousin et l'Angoumois, qu'elle sépare complètement, et s'arrêtant seulement sur la limite du Périgord. Elle pénètre dans le diocèse de Limoges par Gajoubert et Champeaux, paroisses dont la plus grande partie était Marchoise et relevait du Dorat ; elle franchissait la petite rivière de l'Issoire, englobait Nouic, la moitié à peu près de la paroisse de Blond (3), une partie de celle de Montrol-Sénard (4), Mortemart, Breuilh-au-Fa, partie de Vaulry, et s'arrêtait, de ce côté, un peu au-delà de la route de Poitiers à Limoges. Puis, revenant sur elle-même vers Brigueil-l'Aîné, qu'elle enveloppait, elle se déployait de l'ouest à l'est, embrassant une partie d'Oradour-sur-Glane et de Javerdat (5), Saint-Victurnien, Saint-Martin-de-Jussac, Rochechouart, Biennac, Saint-Auvent, Saint-Cyr, Cognac, Saint-Laurent-sur-Gorre, Oradour-sur-Vayre, Cussac, Saint-Jean et Saint-Pierre-de-Vayre, Champagnac, Saint-Gervais, Chéronnac, Les Salles-Lavauguyon, Saint-Bazile, Saint-Mathieu, Maisonnais, Boubon, une

(1) Une partie du Franc-Alleu dépendait, on le voit, du diocèse de Clermont.

(2) En 1468, Louis XI avait rattaché à l'élection de la Marche les châtellenies de Charroux et Saint-Germain-sur-Vienne, avec Le Dorat, Bellac, Rancon, Champagnac et Calais.

(3) L'autre moitié était de droit écrit et relevait du siége de Bellac.

(4) Le reste relevait du Dorat.

(5) L'autre dépendait de Limoges.

partie de Dournazac, — notamment le Château de Montbrun (1),
— Milhaguet, Marval, Pensol, Videix. Ajoutons à ces paroisses,
qui appartiennent aujourd'hui au département de la Haute-
Vienne, une partie de celles de Chassenon et de Pressignac
(Charente) et une petite portion de celle de Busserolles
(Dordogne) relevant de l'évêché de Limoges. La superficie de
cette enclave était de 77 à 78,000 hectares, couverts actuellement d'une population de 43 à 44,000 habitants. De plus, une
partie des paroisses de Roumazières et de Confolens, qui ap-
partenaient au diocèse de Limoges, et de celles d'Ansac,
Chive, La Couture d'Argenson, Épenède, Jesse, Villiers et
Villemaine, diocèse d'Angoulême (2), était comprise dans
cette enclave. Chabanais et ses environs étaient Limousins.

Tous ces territoires, qui avaient pour principaux seigneurs
les Rochechouart, les Mortemart, les Montbas, les Montbrun,
les Saint-Auvent, les Saint-Mathieu, etc., étaient du ressort de
la sénéchaussée de Montmorillon, et formaient l'élection de
Confolens. Pour l'administration, ils constituaient la plus
grande partie de la subdélégation de Confolens et la totalité
de celle de Rochechouart. Certaines de ces paroisses
étaient cependant rattachées à Limoges par quelques liens
d'origine toute moderne. Par exemple, Saint-Victurnien,
Saint-Laurent-sur-Gorre, Champagnac, Cussac, dépendaient
de la Cour consulaire de Limoges; mais la plupart des territoires de l'enclave dont il s'agit relevaient des juridictions
poitevines pour les affaires de cet ordre comme pour les autres.
Nous avons vu que plusieurs de ces paroisses étaient partie
en Limousin, Angoumois ou Périgord, partie en Poitou. Celle
de Bussière-Boffy relevait de trois juridictions : il y avait d'abord
les terres dépendant du duché de Mortemart et ressortissant
à la sénéchaussée de Montmorillon ; puis la juridiction de
Saint-Germain, rattachée au Dorat ; enfin la seigneurie de
Lachenaud, relevant de Limoges (3).
L'histoire de cette enclave est étroitement liée à celle de la
maison de Rochechouart, qui a été esquissée par un membre
de cette illustre famille (4), mais qui paraît loin d'être complè-

(1) Le bourg de Dournazac et la plus grande partie de la paroisse
étaient en Limousin.
(2) Plusieurs de ces paroisses avaient, semble-t-il, appartenu jadis au
diocèse de Limoges.
(3) Arch. Haute-Vienne, C 577, etc.
(4) Le général comte de Rochechouart.

tement éclaircie. Nous ne saurions avoir ici la prétention d'en indiquer les principales lignes, et nous nous bornerons à constater que les mœurs et les usages poitevins ont laissé, dans cette portion du diocèse, surtout dans les cantons de Saint-Mathieu et de Rochechouart, des traces fort reconnaissables.

De l'autre côté, c'était bien autre chose... Le Poitou, après avoir pris au diocèse de Limoges une assez large bande de territoire, formant aujourd'hui l'extrémité septentrionale du département de la Hte-Vienne : partie de Bussière-Poitevine, de Darnac (1), Azat-le-Ris, Tersannes, Verneuil-Moutiers, Lussac-les-Eglises, Jouac, Cromac, St-Martin-le-Mault, Mailhac, St-Georges-des-Landes, Les Chézeaux, Saint-Sulpice-les-Feuilles, Arnac-la-Poste, s'infléchissait brusquement, entamait le nord-ouest de la Creuse et y découpait Azerables, Vareilles, partie de Saint-Agnant et de Saint-Etienne de Versillat, Noth, Saint-Priest-la-Feuille, Saint-Maurice et quelques hameaux autour de La Souterraine. La tour de Bridiers était en Poitou et le petit bailliage dont Bridiers fut longtemps le siège relevait de Montmorillon. La ville de La Souterraine, qui, donnée au xie siècle par Gérald de Crozant à l'abbaye de Saint-Martial, devait sans doute à cette mouvance d'être devenue Limousine, émergeait comme une île du flot de ce débordement Poitevin ; celui-ci, se divisant brusquement et laissant entre ses deux branches Saint-Pierre-de-Fursac, avec le bourg de Paulhac, qui était en Limousin, se rejetait à gauche sur Fromental et Mortcrolles. Un canton Limousin comprenant Liziers, Saint-Vaury, Le Grand-Bourg, Saint-Priest-la-Plaine, Bénévent, Marsac, partie d'Arrènes et de Montaigut-le-Blanc, arrêtait ici le territoire du Poitou. Mais on le retrouvait un peu plus loin et il formait, dans la région montagneuse arrosée par la Maude et la Vige, une dernière enclave constituant le ressort de l'élection de Bourganeuf.

Ce second groupe Poitevin pouvait comprendre 102,000 hectares, et sa population actuelle ne saurait être évaluée à moins de 43,000 habitants (2).

Ce n'étaient donc pas moins de 180,000 hectares, habités

(1) Rappelons que Bussière-Poitevine et Darnac étaient du diocèse de Poitiers.

(2) En y comprenant le ressort du siège du Dorat, il faudrait porter ces évaluations à 180,000 hectares et à 76,000 habitants; ce qui donnerait pour toutes les enclaves poitevines une étendue de 260,000 hectares et une population actuelle de 120,000 habitants.

aujourd'hui par 87,000 habitants, au dernier siècle par 75,000 environ, que comprenaient les pays de coutume poitevine enclavés dans le diocèse de Limoges.

Des diverses provinces du diocèse, la Haute-Marche seule avait sa coutume spéciale. A quelle coutume se rattachaient les territoires de la Basse-Marche ne suivant pas le droit écrit? Le Dorat et la plupart des paroisses relevant de sa sénéchaussée étaient-ils Poitevins? Grosse question, et très controversée. Appelés en 1559 à prendre part à l'enquête pour la rédaction et la réformation de la coutume du Poitou, le chapitre et les bourgeois protestèrent, alléguant qu'ils ne suivaient pas cette coutume et que la justice du Dorat relevait directement du Parlement de Paris (1). Un arrêt de cette cour confirma en 1565 ces allégations. Il semble toutefois que la coutume du Poitou s'étendît sur tous ou presque tous les territoires du ressort du Dorat (2). Joseph Boucheul le constate dans la préface de cette coutume, et à ce point de vue quelques auteurs modernes (3) ont eu raison en rattachant ces territoires au pays Poitevin (4). Le ressort du siège particulier de Bellac faisait seul exception. Encore y avait-il beaucoup de villages de ce ressort qui suivaient la coutume du Poitou ; celle-ci régissait notamment une grande partie des paroisses de Nantiat et de Berneuil. A Bellac même, une des rues principales de la ville, et les propriétés comprises dans le clos Saint-Pierre, se trouvaient dans le même cas, s'il faut ajouter foi aux allégations d'un curieux Mémoire, portant la date de 1773 (5).

(1) AUBUGEOIS DE LA VILLE DU BOST, *Histoire du Dorat*. Poitiers, Oudin, 1880, p. 70.

(2) A. LEROUX et l'abbé LECLER, *Documents historiques relatifs au Dorat*. (*Bull. de la Société archéologique et historique du Limousin*, t. XXIX, p. 162.) Voir aussi les travaux de M. Larombière, ancien président de chambre à la Cour de Limoges, actuellement président de chambre à la Cour de cassation, entr'autres son livre sur le *Régime dotal et la coutume de la Haute-Marche*; — le *Rapport historique et géographique* de feu Auguste Bosvieux, archiviste de la Creuse, au Conseil général de ce département; — les *Cahiers de la Marche*, par M. Louis Duval, archiviste de la Creuse, p. 8, etc.

(3) M. le président Larombière entre autres.

(4) On ne doit pas oublier que divers territoires poitevins, celui du Vigean, par exemple, dépendaient du ressort du Dorat.

(5) Il faut rappeler que Magnac-Laval est rattaché au Limousin par plusieurs auteurs des deux derniers siècles, par l'abbé du Masbaret, notamment, et que Châteauponsac appartenait, au moins en partie, à cette province, comme l'attestent des documents nombreux.

L'élection de Bourganeuf, qui n'avait pas une étendue de moins de 72,000 hectares, habités aujourd'hui par 29 à 30,000 âmes, avait été créée en 1557 ; elle ressortissait d'abord à la Généralité de Poitiers ; mais elle fut rattachée à celle de Limoges dès 1558. Sa circonscription subit au XVII° siècle et au XVIII° quelques modifications. Sous l'administration de Turgot, elle se trouvait composée de 79 collectes dont voici la liste par ordre alphabétique, d'après un état dressé par M. Desmarest, inspecteur des manufactures, et rectifié par l'ingénieur Cornuau (Arch. Hte-Vienne, C 139 et 140) :

Aulon, paroisse ; Auriat, par. ; Beaulieu, par. ; Beaumont, par. avec Vassivière et Pierrefite ou les Distraits de Beaumont, ses enclaves ; Bosmoreau, par. ; Bourganeuf, ville ; Ceyroux, par. ; Chadieras ou La Villeneuve, par. ; Champrouai ou Champroy, par. ; Charièras, par. ; Châtelus-le-Marcheix, par. avec Chouverne et Moussergue, ses enclaves ; Faux et Mazuras, par. ; La Pouge, par. avec une enclave dite de Rocherolle ou des Distraits de La Pouge (Rocherolle dépendait de la paroisse de La-Chapelle-St-Martial, élect. de Guéret) ; — Les Billanges, par. ; Magnat près Montboucher, par. ; Meyrignac, par. ; Montboucher, par. ; Morterolles, par. ; Mourioux, par. avec deux enclaves, La Gaudinerie et Cluptat ; Nedde, par. avec Lonzac, Lavau-le-May et la Cour-Mas-Faucher, ses enclaves ; Peyrat, ville, avec quatre enclaves : le Mas Hiverneix, Balandeix, Counouille et Saintrand, ou les Distraits de Peyrat ; Plénartige, par. ; Rempnat, par. ; Reix-Puyfaucher, par. ; Royère, par. avec sept enclaves : Roudaressas, Hautefave, Andaleix ou Royère-Enclave, L'Angladure, Les Bordes, Villars-Gensanas, Vouveix ; Saint-Amand-Jartoudeix, par. ; Sainte-Anne, par. ; Saint-Dizier, par. avec deux enclaves : La Brugère et Pommier ou les Distraits de Saint-Dizier ; Saint-Goussaud, par. ; Saint-Hilaire-le-Château, par. ; Saint-Julien-le-Petit, par. avec une enclave, le Clou ou les Distraits de Saint-Julien ; Saint-Junien-la-Brugère, par. ; Saint-Martin-Château, par. avec deux enclaves : La Clavelle et La Chassaigne ou les Distraits de Saint-Martin ; Saint-Maureil, par. ; Saint-Pardoux-Lavaud, par. ; Saint-Priest-Palus, par. avec son enclave, le Mas-Château-Merle ou les Distraits de Saint-Priest ; Saint-Yrieix-la-Montagne, par. ; Soubrebost, par. avec les Distraits de Soubrebost, ou Grandvaux ; — Bellesauve, dépendant de la par. de Janaillat, qui appartenait à l'élection de Guéret ; — La Vareille Las Chaux, dépendant de la par. de Gentioux, élect. de Guéret ; Lavaud-Hugier, par. de Vallière, élect. de Guéret ; Leygeud, par. de

Saint-Pierre-Château, élect. de Limoges ; La Royère ou les Distraits de Saint-Hilaire-le-Château, formée en grande partie de villages de la paroisse de Sardent, élect. de Guéret ; Le Monteil La Combe, de la par. de La Celle, élect. de Tulle ; Neuvialle, Le Fresseix, de la par. de l'Eglise-au-Bois, élect. de Tulle ; Pontarion, annexe de Thoron, par. de l'élect. de Guéret, et Quinsac, de la même paroisse ; l'Angle, de la par. de Saint-Amand-le-Petit, élect. de Limoges ; Fournoue, par. de Vidaillac, élect. de Guéret ; Villars, annexe d'Augères, de l'élect. de Guéret, et Villars-Vervialle, dépendant de La Noaille, par. de l'élection de Limoges.

L'élection tout entière, après avoir formé la circonscription du bailliage de Bourganeuf, était au xviii⁰ siècle du ressort du siége sénéchal de Montmorillon ; mais, depuis 1635, date de l'établissement du Présidial de Guéret, elle se trouvait rattachée à ce siége pour les causes « présidiales ». Elle formait une seule subdélégation dont le titulaire résidait à Bourganeuf.

Nous venons de voir qu'outre trente-huit bourgs et la plus grande partie de leur territoire paroissial (plusieurs avaient des dépendances rattachées aux collectes des élections voisines), l'enclave comprenait des portions plus ou moins considérables d'une douzaine de paroisses. Ces dernières avaient elles jadis appartenu en totalité au Poitou ? Pour quelques-unes, il en avait certainement été ainsi : les maisons du bourg de Saint-Julien-le-Petit et le lieu de Laron, par exemple, rattachés pour de simples convenances administratives, semble-t-il, à l'élection de Limoges, avaient jadis dépendu du Poitou aussi bien que le reste du bourg, Mont-Laron, Clédat, La Gorce, Chatreix et Champetit. Peut-être même étaient-ils demeurés du ressort judiciaire de Montmorillon ? D'autres localités, Masléon, par exemple, qui avaient dépendu de ce siége, étaient depuis longtemps rattachées à celui de Limoges.

Aux xii⁰ et xiii⁰ siècles, les principaux seigneurs de cette région sont les Laron, les Peyrat, les Gimel, les Brachet, les Froger, les Frouin, les La Mazière, les La Brugère, les de Corpson, les Châtelus, les La Chèze, les Legonac, les Des Monts, les Du Bois (*de Bosco*), les Royère, les Malval, les Amalvin, les Pierrebuffière et quelques maisons du Temple. Au xviii⁰ siècle, ce sont le Grand Prieur d'Auvergne et deux ou trois commandeurs de Saint-Jean de Jérusalem, l'évêque et le Chapitre de Limoges, l'abbé de Bénévent, les Lostanges, les d'Auberoche, les d'Orbec de Chaumont, les de Pont, les de Groas, les de La Vergne, etc.

Dans la région du cours supérieur de la Vienne, il nous est permis de constater, dès une époque assez reculée, l'importance féodale de deux points qui paraissent avoir été de tout temps dans la ⸺vance directe du comte de Poitiers : Peyrat et Laron : ces localités méritent, du reste, sous plusieurs rapports, d'appeler l'attention des personnes qui peuvent consacrer quelques loisirs à l'étude de l'histoire et de la géographie du moyen âge.

Peyrat-le-Château, qui très anciennement porte le titre de ville, et dont plusieurs riches bourgeois figurent à des actes des XIIe et XIIIe siècles, a sa justice et ses sénéchaux particuliers dès le temps du roi Henri II d'Angleterre ; deux au moins de ces sénéchaux sont nommés au cartulaire d'Aureil : Geoffroi Ysaurer (entre 1150 et 1180) (1) et Brandisius (vers 1190) (2). Un troisième, Pierre de Buysserand (?), damoiseau, et son prévôt, le sergent Simon *Ranucius* (1287) nous sont connus par les titres d'une liasse de nos archives départementales (3). Pierre Lavergne, damoiseau, est prévôt de Peyrat en 1273 (4). En 1293 et 1309, on trouve Pierre Arnaud, clerc, garde-sceau de la cour de Peyrat (5) ; en 1333, Pierre Georges est garde-sceau des châtellenies de Peyrat et de Pontarion (6). En 1368, Pierre Teulier ; en 1378, Jean Medici remplissent les mêmes fonctions (7). En 1426, nous retrouvons un sénéchal de cette juridiction, Guillaume Aucler. Il serait facile, mais assurément fastidieux, de pousser jusqu'au XVIIe siècle, sauf quelques lacunes, la liste de ces officiers. Disons seulement que Peyrat a sa mesure spéciale (8). C'est là un des indices les plus certains de l'ancienneté d'une seigneurie.

Peyrat appartint primitivement, semble-t-il, à une famille qui portait le nom de cette localité et dont les possessions s'étendaient sur plusieurs cantons poitevins et marchois de la région.

---

(1) *Gaufrido Ysaurer, seneschalco de Pairac* (Arch. Hte-Vienne, D 650 : cartulaire d'Aureil, fol. 28 v⁰.

(2) *In manu Guidonis, prioris, et Brandisii, senescalli de Pairac. Ibid.*, fol. 72 v⁰).

(3) Arch. Haute-Vienne, D 1039.

(4) *Ibid.*, L'acte est curieux. Il s'agit de la vente de plusieurs mas des paroisses de Saint-Amand, de Nedde et de Rempnat à Censio Ortici, bourgeois de Pampelune, *de Pampalonia.*

(5) Arch. Haute-Vienne, D 1041.

(6) *Ibid.*, Fonds de Solignac, liasse 4599.

(7) *Ibid.*, D 1041.

(8) *Ad mensuram de Pairac, ad mensuram de Peyraco*, D 1039, D 1089 ; Solignac, liasses 6925 et 7266.

Le premier membre de cette famille qui nous soit connu est
Amelius : on trouve son nom au bas d'une charte donnée à
l'abbaye d'Ahun dans les dernières années du x° siècle (1). Le
cartulaire d'Aureil mentionne Adémar de Peyrat, ses neveux
Pierre et Elie, ainsi que leur cousin Gui (2), et peut-être un
autre Elie (3). Au xiii° siècle, Peyrat relève du château de
Montmorillon, et Guillaume Brachet, qui possède la moitié de
la terre de Peyrat par indivis, la tient en 1260 à titre d'homme
lige d'Alphonse, comte de Poitiers (4). A qui appartient l'autre
moitié de ce fief? Au comte de la Marche peut-être ou à un des
siens? Car en 1291, Gui de la Marche « et de Peyrat » (5)
reconnaît et confirme, avec l'agrément du comte Hugues le
Brun, la juridiction de l'abbaye de Solignac sur Nedde et
Saint-Pierre-Château. Les Brachet, qui ont possédé la seigneurie de Pérusse, près Châtelus-le-Marcheix (Creuse) et
celle du Mas Laurent, près Felletin, gardèrent Peyrat peu de
temps. En 1335, Geoffroi de Mortemart, chevalier, qualifié de
noble et très puissant seigneur, est seigneur de Peyrat et de
Pontarion (6). Ce titre est donné en 1368 à Pierre de Bellefaye; en 1378, à Guillaume de Bellefaye (7). Il passe plus tard
aux Pierrebuffière, qui, dès le xiii° siècle, possèdent des rede-
vances à Auriat et dans les environs (8). En 1422, 1426, 1431,
Louis de Pierrebuffière; en 1559, François; en 1620, Charles
de Pierrebuffière, sont dits seigneurs ou barons de Peyrat (9).
En 1686 ou 87, Peyrat appartient au marquis d'Orbec de
Chaumont (10). La terre de Pontarion avait été vendue au
xvi° siècle par les Pierrebuffière au Chapitre de Limoges (11).

Peyrat porte le titre de baronnie au xvi° siècle (12) et probable-

(1) *Gallia Christiana nova*, t. II, instrum. col. 190.
(2) Cartulaire d'Aureil, fol. 72.
(3) *Ibid.*, fol. 38.
(4) *Hec sunt homagia de Monte Maurilio... Guillelmus Brachet est
homo ligius domini comitis, et tenet ab eo medietatem terre sue de Pei-
rac, pro indiviso.* (BARDONNET, *Hommages à Alphonse de Poitiers.* Niort,
1872, p. 86).
(5) *Guido de Marchia, de Fera et de Peyraco* (Arch. Haute-Vienne :
Solignac, 3184).
(6) Arch. Haute-Vienne, Solignac, 4599.
(7) Arch. Haute-Vienne, D 1041.
(8) *Ibid.*, D 1023, etc.
(9) *Ibid.*, D 1090, 1091 ; Solignac, 4599, 8612 et diverses.
(10) Bibliothèque communale de Limoges: *Estat des paroisses de la
Généralité de Limoges*, manuscrit.
(11) Arch. Haute-Vienne, G 391.
(12) *Ibid.*, D 1091.

ment à une date antérieure. C'est au roi de France qu'à partir de la réunion à la couronne des anciens états d'Alphonse, ses possesseurs rendent directement hommage (1). Rattachée au bailliage de Bourganeuf, dont nous ne trouvons pas mention avant mai 1522 aux archives de la Haute-Vienne (2), mais dont celles de la Vienne signalent l'existence dès 1454 (3), la juridiction de Peyrat fut de nouveau placée, à la fin du XVIᵉ ou au commencement du XVIIᵉ siècle, dans le ressort direct de Montmorillon.

Le Château de Laron, près Saint-Julien-le-Petit (Haute-Vienne), était, dès le Xᵉ siècle, la résidence d'une des plus vieilles et des plus puissantes races féodales du pays. Le premier en date de ces seigneurs dont le nom soit parvenu jusqu'à nous, est Roger, qui figure comme témoin à une charte de 997. Adémar, qui vit sept ans plus tard et qu'on retrouve en 1028, épouse en premières noces la fille de Gui de Lastours, dont il a des enfants qui renouvellent cette illustre famille; d'un second mariage avec la sœur d'Itier Chabot, évêque de Limoges, il a un fils qui continue la lignée des seigneurs de Laron (4). Cette maison fournit en moins d'un siècle deux évêques au siége de Limoges : Jourdain (1020 ?-1052) et Gui (1073-1086?) Le premier, élu à Saint-Junien, dans une assemblée présidée par le comte de Poitiers, fait en 1050, à l'église cathédrale et au chapitre de Saint-Etienne, d'importantes libéralités : il leur donne entre autres la grande tour de Châteauneuf (5) et le donjon sur lequel elle s'élève, la forêt de Serre, la quatrième partie de la chapelle de Saint-Michel et de Saint-Quentin, et la terre qui dépend de cette chapelle, et qui est du ressort de Curzac (6). L'acte destiné à conserver le souvenir de cette libéralité établit que plusieurs des immeubles ainsi donnés à l'église de Saint-Etienne sont, la tour notamment, du patrimoine du prélat, tandis que les autres proviennent d'une libé-

(1) Arch. départementales de la Vienne, série C, *passim*.
(2) Arch. Haute-Vienne : Solignac, 3357.
(3) Arch. de la Vienne, C 390.
(4) *De qua prodiit progenies Larumdensium dominorum, paterna hereditate* (Chronique de Vigeois, *ap.* Labbe, *Bibliotheca nova manuscriptorum librorum*, t. II, p. 281 à 289.
(5) Il n'est pas tout à fait certain qu'il soit question ici de Château-neuf-la-Forêt. Peut-être ne s'agit-il que d'un château nouvellement construit.
(6) Village de la commune de Saint-Vitte, canton de Saint-Germain-les-Belles, Haute-Vienne, chef-lieu d'une ancienne vicairie.

ralité du comte de Poitiers et sont tenus en fief de ce seigneur (1).

Nos cartulaires et les pièces de nos archives nous font connaître un très grand nombre de membres de cette famille : Adémar et Gui, son frère, sont nommés avant 1052; Gérald; autre Gérald, fils du précédent; Adémar, fils de Gérald ; Roger le jeune, marié à une fille de Gui de Lastours, et Hugues, vivent de la fin du xie à la fin du xiie siècle (2). On trouve Gui et Roger, son fils, en 1238 (3); les mêmes sont seigneurs, chacun pour moitié, du château et de ses dépendances en 1244 (4); Roger et autre Roger vivent en 1260 (5); Roger en 1270 (6); Gui de Laron, seigneur de Laron, en 1273 (7); Roger, qui est probablement le Roger mentionné en 1270, meurt avant 1281; Roger, fils de ce dernier, est appelé, en 1286 et 1298, seigneur *en partie* du château et de la châtellenie de Laron (8).

Le dernier personnage de cette famille qui nous soit connu est Gouffier de Laron, capitaine de Châlucet pour le sire d'Albret en 1443 (9). Les Laron s'éteignirent au xve siècle, s'il faut en croire l'auteur du *Nobiliaire de la généralité de Limoges* (10). La baronnie passa un peu plus tard aux mains des d'Aubusson et des d'Espaigne (11); elle appartenait au xviie siècle à la famille de La Breuilhe (12), d'où un mariage la fit passer en 1670, dans la famille de La Belmondie d'Auberoche,

---

(1) *Ego Jordanus ..., de meo alodio quod hereditario mihi successit... dono atque concedo Sancto Stephano... Castello novo turrem superiorem et domniono (sic) ubi sedet... silvam quæ dicitur Serra, quartam partem capelle S. Michaelis et S. Quintini, cum omni terra que ad capellam pertinet curtæ de Cursates, sicut est de fevum (sic) comitis Pictavensis. Ipse Willelmus comes totum illum fevum dedit mihi in alodium, extra episcopatum.*— *Gallia Christ.*, t. II, instr., col. 179.— Besly, *Histoire des comtes de Poitiers*, p. 364, donne de cette charte un texte en beaucoup de points différents.

(2) Cartul. d'Aureil, fol. 2, 8, 25, 27, 30, 32, 35, 73, etc.

(3) Arch. Haute-Vienne, D 1023.

(4) Guérin, *Arch. historiques du Poitou*, t. IV, p. 64.

(5) Bardonnet, *Hommages à Alphonse* p. 95.

(6) Arch. Haute-Vienne, D 1089.

(7) D 1039.

(8) *Dominus in parte castri et castellanie de Leront*, D 1023, et fonds de Solignac, liasse 7266.

(9) Arch. Haute-Vienne, Chapitre cathédral, liasse 3025.

(10) T. III, p. 461.

(11) Arch. Vienne, C 383.

(12) D 1091 et *Nobiliaire*, t. I, p. 170.

dont un membre, Pierre-Annet, est dit, en 1741, baron de Laron et Saint-Julien (1).

Les Laron étaient alliés à toutes les grandes familles du pays : aux Lastours, aux Pierrebuffière, aux Montcocu, aux Jaunhac, aux Royère, aux Périgord, aux La Porcherie, aux Gimel, aux La Chèze, aux Bernard de Bré, aux La Brugère, aux Froger. Plusieurs membres de la famille de Gimel sont qualifiés de « chevaliers de Laron » (2), et ils tiennent des seigneurs de ce château un assez grand nombre de fiefs, rentes et devoirs (3). On constate qu'aux XIIe et XIIIe siècles, les Laron et les Gimel ont des possessions assez étendues dans les paroisses de Saint-Julien-le-Petit (qui est parfois appelé Saint-Julien près Laron) (4), Saint-Amand-le-Petit, Rempnat, Nedde, Roziers, Sauviat, Auriat, Bozogles, Saint-Pardoux-Lavaud, Saint-Priest-Palus, Saint-Junien-la-Bregère, Morterolles. La mesure de Laron, du château de Laron, est fréquemment mentionnée (5).

Nous avons dit qu'au XIe siècle, la tour de Châteauneuf, ou du moins les autres immeubles donnés par l'évêque Jourdain à Saint-Étienne, étaient tenus directement en fief du c'mte de Poitiers. On retrouve, au XIIIe siècle, Laron, comme Peyrat, compris dans les états d'Alphonse, frère de Saint-Louis. En 1244, « le seigneur Gui de Laron » doit au comte de Poitiers, l'hommage pour la moitié du château et de ses dépendances, et Roger, écuyer, pour l'autre moitié du château (6). En 1260, le seigneur Roger de Laron, pour sa terre de Laron, et son cousin Roger, écuyer — *valetus* — sont hommes liges du comte de Poitiers et leurs fiefs relèvent du château de Montmorillon (7).

(1) Arch. Haute-Vienne, D 1091.

(2) *Quidam miles de Larunt, nomine Willelmus de Gemeu.* Cartul. d'Aureil, fol. 2.

(3) Voir le cartulaire d'Aureil et un grand nombre de pièces des fonds de Solignac, d'Aureil et de L'Artige, aux Archives de la Haute-Vienne.

(4) Nécrologe de Saint-Martial (XIIIe et XIVe siècles), registre de la Pitancerie de Saint-Martial (XVe siècle), aux Arch. de la Haute-Vienne.

(5) *Ad mensuram de Loron, de Leront, castri de Laront,* 1282, 1284, 1322, 1324, 1433, etc. (Arch. Hte-Vienne, D 1089, 1090, etc.

(6) *Dominus Guido de Laront, ligius de medietate Castri de Laront et pertinenciarum; Rogerius de Laron, scutifer, ligius de alia medietate, sicut est castrum, in episcopatu Lemovicensi.* (*Comptes d'Alphonse.* Archives du Poitou, t. IV, p. 64.)

(7) *Dominus Rogerius de Laron est homo ligius et tenet terram suam de Laron. — Item Rogerius de Laron, valetus, cognatus domini Rogerii predicti, est homo ligius.*

Comme les seigneurs de Peyrat, les Laron, qui ont porté au
XIᵉ siècle le titre peu défini de *contors* (1), prennent plus tard
celui de baron. La juridiction de Laron relève aussi du siège
sénéchal de Montmorillon ; mais elle dépend directement du
bailliage de Bourganeuf au XVIᵉ siècle : — Martial de Rieublanc
et Jacques de Nicard, en 1581, portent le titre de « sénéchal et
juge ordinaire de la baronnye et jurisdiction de Laron, bay-
liage de Bourganeuf, seneschaucée de Montmorilhon en Poitou » (2). Aux assises de la baronnie, en 1558, il est fait mention d'avocats de Poitiers (3).

Plusieurs années après la réunion des états d'Alphonse à la
couronne, un bailliage royal, relevant de la sénéchaussée de
Poitiers, est créé à Laron, dont les seigneurs rendent désor-
mais directement hommage au roi. Il semble que jusqu'alors
la contrée dont nous nous occupons ait ressorti au bailliage
ou au sous-bailliage de Montmorillon. Un grand nombre d'actes
de nos archives, appartenant notamment aux années 1265 à
1287, sont passés sous le sceau de ce bailliage (4), dont les territoires situés dans le diocèse de Limoges, entre la Marche et
le Limousin, formèrent le ressort du nouveau siège.

Il y a évidemment identité entre la prévôté de *Layrout,*
signalée par M. Boutaric dans son beau livre : *la France
sous Philippe-le-Bel,* comme ressortissant à la juridiction supé-
rieure de Poitiers, et le bailliage de Laron, auquel aucun document de nos archives provinciales ne donne une autre quali-
fication que celle de bailliage : seuls les comptes de l'ancien
domaine d'Alphonse le dénomment prévôté (5). On trouve la
mention de ce siège à une trentaine de titres des archives de
la Haute-Vienne (6) ; il est également nommé dans quelques

(1) *Ademarus, lo contors de Laron* (Chron. Vosiense). *Viernam, que
vulgariter vocabatur contoressa... cum assensu et voluntate domini sui
Rotgerii de Laront... Almodis, la contorissa.* (Cartulaire d'Aureil, fol. 30
et 64.)
(2) Arch. de la Haute-Vienne, D 1091.
(3) *Ibid.*
(4) D 1039, Solignac 5080, etc.
(5) Archives nationales, K 496 — précédemment K 501.
(6) 1289 (D 1092); 1290 (D 1023); 1292 (D 1131); 1293 (D 1041);
1294 (G 4405); 1275 (D 1039, D 1088); 1297 (St-Martial, 5731 et D 1023
et 1091); 1298 (D 1088); 1301 (D 1132); 1302 (D 1132); 1303 (D 1023,
D 1041, D 1090); 1304 (Solignac, 4167, D 1023, D 1038); 1305 (Solignac, 3090); 1308 (D 1023); 1309 (Solignac 6925 et D 1041); 1310 (D
1090 et D 1023); 1311 (St-Martial 5731); 1312 (D 1023, G 3381); 1314
(D 1090); 1316 (G 4087); 1333 (D 1048).

pièces du dépôt départemental de Pau (1) et au livre de raison
des Benoist de Limoges (2). Toutes ces mentions sont comprises
entre les deux dates extrêmes du 29 juin 1289 et du 30 janvier 1333. Les officiers de ce siège dont nous avons relevé les
noms sont les gardes-sceau Guillaume Daniel (1289), Pierre
de La Chapelle (1290-1298), Aymeric Frichon (1303-1316);
— ce dernier est probablement le même qu'Aymeric Frichon,
garde-sceau du roi au bailliage de Limoges en 1318 et 1319 (3).
En 1333, les consuls de Masléon, qui dès 1291 jouent un rôle
dans le fonctionnement de cette juridiction, s'intitulent
« consuls établis par le roi au bailliage royal de Laron (4) ».
— Notons qu'on écrit indifféremment Laron, Loron, Larum,
Laront, Leyront, plus souvent Leront.

Quel était le ressort de la juridiction dont nous venons de
constater l'existence? Il nous est impossible de le déterminer.
Tout ce que nous pouvons dire, c'est que les actes émanant
de ce siége ou les contrats passés sous le sceau de ses officiers
ont trait à des fonds, rentes ou droits assis dans les paroisses
de Saint-Julien, Peyrat-le-Château, Nedde, Rempnat, Saint-
Priest-Ligoure, Saint-Hilaire-Bonneval, Roziers-Saint-Georges,
Saint-Vitte, Eyjeaux, Saint-Just, Solignac, La Geneytouse,
Noblat-Saint-Léonard, Sauviat, — aujourd'hui communes du
département de la Haute-Vienne; — Auriat, Bénévent, Saint-
Junien La Brugère, et quelques localités des environs de
La Brionne, — Creuse. — C'est devant le garde-sceau du
bailliage de Laron qu'en 1304, le baron de Pierrebuffière et
l'abbé de Solignac concluent une convention relative au
pariage de Saint-Hilaire-Bonneval (5); c'est devant lui et devant
l'official qu'en 1305, les habitants de Solignac prêtent serment
au chef du monastère, leur seigneur. Ajoutons que le contrat,
revêtu du sceau royal de Laron, dont il est parlé au livre de
raison des Benoist, paraît avoir pour objet des propriétés sises
à Limoges ou dans la banlieue... On voit que plusieurs des localités auxquelles se réfèrent les actes dont il s'agit sont placées
hors des territoires formant aux xviie et xviiie siècles l'élection
de Bourganeuf et parfois à une assez grande distance de cette
enclave. Ajoutons qu'il n'y a aucune raison de penser que

(1) E 738. *Vidimus* de 1293.
(2) L. GUIBERT, *Le livre de raison d'Etienne Benoist*. Limoges, Ducourtieux, 1882, p. 64.
(3) Solignac, 7679, D 1023 et 1041.
(4) Arch. Haute-Vienne, D 1048.
(5) *Ibid.*, Solignac, 3090.

Saint-Léonard par exemple ou Saint-Just aient jamais appartenu à la coutume du Poitou, ni relevé du comte de Poitiers. Les terres Limousines dont il est parlé aux actes dont il s'agit ont pour seigneurs l'évêque, l'abbé de Solignac, le Chapitre de Limoges, le prieur de l'Artige, le vicomte de Limoges, les barons de Pierrebuffière, de Châteauneuf, les Laron, les Gimel, les de Gain, les Culant, etc. Ajoutons que nous voyons le prieur de l'Artige, par exemple, pour des actes concernant des mas qui semblent relever de la même seigneurie, s'adresser tantôt au bailliage de Laron, tantôt à celui de Limoges (1). L'abbé de Solignac fait sceller au bailliage de Limoges plus de dix contrats entre 1293 et 1326 ; il fait, sous le sceau de Montmorillon (2), une acquisition au Vigen en 1310 ; dans d'autres circonstances, on l'a vu recourir aux officiers du siége de Laron. Il faut conclure de là qu'il existait dans toute la contrée un inextricable enchevêtrement de mouvances et de droits féodaux,—et peut-être que toute personne avait la faculté de passer un contrat sous le sceau de la juridiction du roi, comme justicier supérieur et suzerain, et de s'adresser au bailliage de son choix pour l'établissement et l'authentication d'un acte, sauf à poursuivre ou à répondre, pour l'exécution de cet acte, devant le siège royal dont il était justiciable.

Quoiqu'il en soit, le bailliage ou prévôté de Laron n'était qu'une des subdivisions du grand bailliage de Poitiers : la moins étendue, semble-t-il, à coup sûr la plus pauvre ; car au compte fourni en 1294 par le sénéchal Jean de Saint-Denis, les recettes de ce siége ne s'élèvent qu'à 47 l. 10 s. pour six mois, tandis que celles de la prévôté de Niort sont de 330 l. ; celles de Montmorillon, de 250 ; celles de Montreuil-Bonin, de 240 ; celles de Poitiers, de 158, et celles de Saint-Maixent, de 117 l. 10 s. (3).

La suppression du bailliage de Laron n'a pas laissé, dans nos chroniques, plus de traces que son établissement. Le

---

(1) La seule liasse D 1023 renferme trois actes de 1318 et 1326, passés sous le sceau du siége de Limoges et relatifs à des tènements d'Auriat.

(2) Arch. Haute-Vienne, 4207. Un acte de la liasse 5080 du fonds de Solignac nous montre le sous-bailli de Montmorillon ou ses commissaires exerçant à Limoges même : *Universis, etc. Theobaldus de Silvanccto, subbaylivus Pictaviensis, custos sigilli constituti apud Montem Maurilium, etc., etc... Actum Lemovicis, etc.*

(3) Arch. nationales, K 496.

défaut absolu de mentions constatant son existence postérieurement au samedi avant l'Épiphanie 1332 (30 janvier 1333), nous autorise à assigner d'une façon très approximative cette date à sa suppression (1). Nous ne serions pas étonné, d'une autre part, que l'érection de ce siége ne remontât pas au-delà de 1289 (2).

L'établissement d'un siége royal dans ce canton Poitevin si éloigné de son chef-lieu féodal et judiciaire, sorte de poste avancé du roi de France en pleine terre anglaise, se rattachait, en effet, par un lien visible, à une autre création effectuée cette année là même par Philippe IV. Un religieux de Saint-Martial, dans un passage malheureusement trop court de sa chronique, rapporte qu'en 1289 « commença la ville de Masléon ». Cette sèche indication ne nous apprendrait pas grand chose, si une ligne précieuse d'un vieux registre de la Chambre des Comptes, écrit vers 1310, ne nous indiquait le caractère et ne nous révélait l'importance de ce fait : Masléon était une *bastide* établie au milieu des possessions du roi d'Angleterre par Philippe IV lui-même, qui « la tenait à sa main » (3).

On sait ce qu'étaient ces bastides ou villes franches, créées dans un but de défense ou de mise en valeur d'un canton, et que les seigneurs cherchaient à peupler en quelques années en accordant de larges immunités aux habitants. Quels priviléges Philippe IV promit-il aux personnes qui viendraient s'établir à Masléon ? Aucun document ne nous renseigne à cet égard. Nous ne savons pas davantage quels arrangements avec les seigneurs locaux, les Laron (4), les Legonac, les Amalvin, et peut-être avec l'évêque. qui paraît avoir possédé une tour à Roziers (5), précédèrent l'établissement de la nouvelle

---

(1) Un acte relatif à un fonds de la paroisse de Roziers-Saint-Georges, c'est-à-dire de la paroisse même dont dépendait Masléon, est passé, en 1340, sous le sceau du bailliage de Limoges. (Arch. Haute-Vienne, D 1048.)

(2) *Item, anno Domini M° CC° octuagesimo nono, incepit villa Mansi Leonis.* (Bibliothèque nationale, man. lat 11019, fol. 269.)

(3) *Rex... fecit in Lemovicensi bastidam dictam de Malo Leone, quam ad manum suam tenet.* (Baluze, *Armoire I*, t. XVII, fol. 92.)

(4) Les Laron ont, dès le onzième siècle, des possessions à Roziers et aux environs : *Vierna... dedit Deo et S. Johanni mansum unum a Rosier, cum assensu domini sui Rotgerii de Laront et filiorum suorum* 1101 (Cartulaire d'Aureli, fol. 64). *Geraldus Laront... dedit mansum juxta ecclesiam de Roser* (*ibid.*, folio 30). Adémar fait un don dans la même paroisse (fol. 2).

(5) Duplès-Agier, *Chron. de Saint-Martial*, p. 69-70.

bastide, l'unique création de ce genre, croyons-nous, qu'on ait signalée en Limousin. Masléon était-il compris à cette époque dans les territoires relevant directement du roi? Les Laron l'avaient-ils cédé à Philippe IV? Nous savons seulement qu'en 1292, Masléon avait une commune, possédait un sceau commun (1), et que son corps consulaire était composé de six membres, dont deux au moins étaient alors des bourgeois de la Cité ou du Château de Limoges (2).

Masléon dépendait, pour le spirituel, de l'église paroissiale de Roziers-Saint-Georges, qui appartenait au chapitre de Saint-Étienne. Les consuls, sans demander l'agrément de l'autorité ecclésiastique, édifièrent une chapelle, y mirent des cloches et y firent célébrer le service divin. Admonestés par l'évêque, ils déchirèrent les lettres du prélat et maltraitèrent le vicaire de Saint-Étienne qui en était porteur. Ils furent aussitôt excommuniés et se décidèrent à se soumettre. En réparation des excès qu'avait commis la nouvelle commune, chaque habitant dut déposer sur l'autel de l'église de Roziers, le dimanche après la Purification 1293, une offrande en argent de la valeur d'un denier au moins, et chacun des consuls en charge, remettre au curé un cierge d'une livre (3). Les magistrats qui avaient été les auteurs de cette petite émeute, n'obtinrent l'absolution qu'en payant une grosse amende. — Un peu plus tard, les consuls, ayant insisté auprès de l'évêque et du chapitre pour assurer le service religieux à leurs concitoyens dans un oratoire spécial et allégué que la population de Masléon ne pouvait se rendre facilement à Roziers pour y assister à l'office (4), furent autorisés à avoir une chapelle, un cimetière et des fonts baptismaux.

Nous avons dit qu'il convenait de ne pas séparer ces deux mesures politiques : l'érection de la ville franche de Masléon et l'établissement du siège royal de Laron. On trouve, en effet,

(1) Arch. Haute-Vienne, G 4087, 4088, etc

(2) *Aymericus Juliani, civis Lemovicensis... Marcialis Abelha castri Lemovicensis... consules de Manso Leone* (G 4087).

(3) *Cum consules et communitas de Manso Leonis erexissent capellam in loco seu villa de Manso Leonis, et altare ibidem, et campanas, et divina officia celebrari fecissent... et... Johannem de Sancta Mossoza... male tractassent et litteras monitorias fregissent* (G 4088).

(4) *Exposuerunt quod periculosum et laboriosum erat ipsis propter distanciam ville de Manso Leone, accedere ad matricem ecclesiam de Roseriis pro audiendo divina,* etc. (G 4088).

dans les comptes du sénéchal de Poitiers, ce bailliage désigné sous le nom de « Leront et Masléon (1) ». Les consuls de la nouvelle bastide s'intitulent, du reste, dans plusieurs actes, en 1291 et en 1333 notamment : « consuls de la ville franche de Masléon, établis par ou pour le roi de France au bailliage de Laron » (2). A la première de ces dates, il est parlé de la cour de Masléon et du juge des consuls : un accord est passé devant cet officier, sous le sceau des consuls, entre l'aumônier de Saint-Martial et un habitant de la paroisse de La Geneytouse (3); à la seconde, les déclarations des parties sont reçues et l'acte passé devant un commissaire juré des chefs de la commune, dans la forme ordinaire des contrats reçus par les notaires des bailliages (4). Les consuls sont donc à la fois magistrats de la commune et officiers royaux. Leur sceau n'est autre que le sceau du bailliage royal semé de fleurs de lis.

On ne sait rien au surplus, à partir de cette époque, de la bastide de Masléon. Tout donne à penser que les officiers royaux laissèrent dépérir l'établissement de Philippe IV : les successeurs de ce grand prince avaient du reste abandonné sa politique. Masléon fut arrêté dans son développement par la suppression du siège royal de Laron et n'acquit jamais d'importance (5). En 1403, l'ancienne bastide royale se trouvait soumise à la juridiction de la châtellenie de Châteauneuf; aux xvi° et xvii° siècles, elle formait une petite seigneurie. En 1789, Joseph du Garreau, marquis de La Seinie, s'intitule seigneur de Masléon.

La création de cette ville franche et celle du bailliage de Laron se rattachent à un plan plus vaste et qui mériterait d'être l'objet d'une étude moins sommaire. On sait qu'en res-

(1) Arch. nationales, K 496.

(2) 1291. *Consules ville franchie de Manso Leonis per dominum regem Francie in baylla de Laront constituti* (fds St-Martial. Aumônerie, liasses diverses); 1333 : *Consules ville franchie Mansi Leonis pro illustrissimo domino nostro rege Francie in baylla de Leron constituti* (D 1048).

(3) *Noverint universi quod, cum contentio verteretur, etc., in curia Mansi Leonis; in qua curia coram nobis predictis consulibus, de voluntate et consensu predictarum partium compromissum fuit... coram Stephano Vigerii, judice curie nostre, etc.*

(4) *Noverint universi quod... coram jurato commissario et crequitori nostro infrascripto, ad hec a nobis speculater deputato.... Nos predicti consules, ad fidelem relacionem dicti jurati, sigillum nostrum, etc.*

(5) On reconnaît encore, dans la disposition des rues et chemins du bourg, le plan caractéristique des bastides, avec leur symétrie et leurs voie rectilignes, se coupant à angles droits.

tituant au roi Henri II d'Angleterre, en 1259, les trois diocèses
de Limoges, Périgueux et Cahors, jadis confisqués sur Jean
Sans-Terre, Saint Louis avait excepté de cette restitution
l'hommage de ses frères et les terres dont les seigneurs avaient
obtenu de lui ou de ses prédécesseurs l'engagement de ne
jamais être placés hors de la main du Roi (1). Or, l'évêque de
Limoges était en possession de ce privilège depuis 1204 (2);
la Cité, depuis 1213 (3). Le chapitre de Saint-Étienne, l'ab-
besse de la Règle, l'abbé de Solignac, les communes de Brive
et de Saint-Junien, qui du reste relevaient de l'évêque, se
trouvaient dans le même cas (4). Le vicomte de Turenne et le
vicomte de Limoges avaient obtenu un engagement analogue;
mais le premier renonça, en 1263, à s'en prévaloir et se
reconnut vassal du roi d'Angleterre (5). Les choses se seraient
passées de la même façon en ce qui concerne le vicomte
de Limoges, suivant M. Boutaric. Nous croyons qu'il y aurait
beaucoup à dire là-dessus. Tout ce que nous savons, c'est que
le vicomte de Limoges doit, en 1260, l'hommage lige au
comte de Poitiers pour le péage et la monnaie de Limoges (6).
D'autre part, il doit aussi l'hommage à l'abbé de Saint-Martial
pour la ville du Château, et le monastère n'est pas au nombre des privilégiés; néanmoins un texte bien précis donne à
entendre que partie au moins des terres de la vicomté demeu-
rèrent au roi de France (7).

(1) *Sauf le homage de ses freres... e sauves les choses qe li rois de
France ne peut mettre hors de sa main, par lettre de lui ou de ses an-
cessors.* — Paris, 28 mai 1258, et Londres, 13 octobre 1259. (Archives
nationales. Tresor des chartes, 4416).

(2) *Tali modo quod non permittemus ipsum vel successores ejus rece-
dere de manu nostra vel successorum nostrorum, aliquo casu contingente*
(Bib. nat., *Armoires de Baluze*, arm. II, t. 63, fol. 352).

(3) Mars 1212, vieux style (Arch. nationales, JJ 26. fol. 91).

(4) *Item sunt privilegiati in Lemovicensi ab antiquo et ante tempus
dicte pacis, episcopus Lemovicensis et ejus capitulum, et consulatus Civi-
tatis ejusdem, et abbatissa de Regula, abbas de Solmynhaco.... et consulatus sancti Geminiani* (sic) *et consulatus Brivæ* (Extr. d'un ancien registre
de la Chambre des Comptes, *Armoires de Baluze*, arm. I. t. XVII, fol. 92).

(5) Documents publiés par M. A. Leroux dans le *Bulletin de la Société des lettres, sciences et arts de la Corrèze*, 1884, 1885

(6) *Vicecomes lemovicensis est homo ligius domini comitis, et tenet ab
eo monetam lemovicensem et pedagium* (Barbonnet, *Hommages*, p. 91).
L'histoire des droits respectifs du vicomte et de la commune du Château
sur la monnaie de Limoges, des difficultés survenues et des conventions
passées à ce sujet, pourrait faire l'objet d'une intéressante étude.

(7) *Omissa fuerunt restitui in Petragoricensi et Lemovicensi... et etiam
terra vicecomitatus* (Baluze, *Armoires I*, t. XVII, p. 83, 91, 92, etc.)

Quoiqu'il en soit, le roi d'Angleterre ne recouvra qu'une faible portion du diocèse. Certains domaines sur lesquels il semblait qu'il eût des droits incontestables, ne lui furent jamais remis. Ses revendications sur les domaines de Saint-Martial de Limoges, de Bonlieu et de Tulle donnèrent lieu à des contestations et le roi de France réussit, nous ne savons trop comment, à ressaisir encore cette portion de territoire (1). En 1281, Edouard I réclamait encore nombre de domaines dont il n'avait pas été mis en possession (2). Il s'était cru autorisé à installer un bailliage à Limoges; en 1272, le Parlement lui signifiait qu'il eût à supprimer cet office (3). Cependant le roi de France, qui avait tenu un bailli dans cette ville à l'époque où il avait été question de donner à un des fils de Saint Louis la main de l'héritière de Limoges, entretenait dans le pays des sénéchaux, qui avaient sous leurs ordres un grand nombre de sergents et parcouraient sans cesse la contrée, faisant des enquêtes, confirmant des sauvegardes, intervenant dans toutes les affaires d'importance... Ils paraissent même avoir tenu leur cour au chef-lieu de la province. L'office de sénéchal pour les trois diocèses de Périgueux, Limoges et Cahors, était tenu en 1240, 1243 et 1244 par Gilbert de Malemort (4), — en 1250 par Gérald de Malemort (5); — en 1253, 1263 et juillet 1264 par Pierre Sergent ou Servant (*Serviens*, al. *Servientis*) (6), — en octobre 1260, mai et juin 1266, mars 1270, par Raoul de Trappes (7), — avant la Toussaint 1265, par Guillaume du Puy (8), — en 1273, par Ancelin de Saint-Jean (9); — en mars 1276, par Eudes *de Fayello* ou *de Faeto* (10). Vers 1268, Henri de Quessances (11); en 1272, Raynaud du Rouvray (12);

---

(1) *Credo vos fore memorem quo colore perdidit ressortum [et] superioritatem monasteriorum de Tuella, de Sancto Marciale Lemovicensi et de Bono Loco, qui nullum habebant privilegium.* (*Ibid.*)

(2) *Olim*, t. II, p. 34, 35.

(3) *Ibid.*, t. I, p. 932.

(4) Bibl. nationale, manuscrit latin 5452; arch. Hte-Vienne : *Inventaire du Chartrier de Solignac*, fol. 30 v°, et BONAVENTURE DE ST-AMABLE, *Histoire de Saint-Martial*, t. III, p. 526.

(5) Arch. Haute-Vienne : Solignac, liasses non inventoriées.

(6) *Ibid.* : Solignac, 8507, et *Hist. de Saint-Martial*.

(7) *Ibid.* : Solignac, 4382, C037, 8507; Evêché, 2440.

(8) *Olim*, I, 608, et Arch. Hte-Vienne, Evêché, 2440.

(9) *Hist. de Saint-Martial*.

(10) *Ibid.*, et Arch. Haute-Vienne, Evêché, 2440, et D 371.

(11) Evêch., 2440.

(12) *Ibid.*

entre 1272 et 1288, Simon Des Moulins et Gui de Tourne-
but (1) exerçaient les mêmes fonctions, nous ne savons avec
quel titre; ces quatre personnages pourraient, toutefois, n'a-
voir été que de simples commissaires aux Régales. Néanmoins
l'un d'eux, Simon Des Moulins, est qualifié, en 1277, de sénéchal du Périgord, du Limousin et de Montmorillon (2).—Pierre
de Blanosc, en 1293 (3), — Jean de Saint-Denis, 1294, 1297,
1299 (4), — Pierre de Villeblaon, al. *de Villa Blonona*,
1315 (5), — Pierre de Raymond *de Rapistagno*, 1323 (6),
s'intitulent sénéchaux du Poitou et du Limousin. Jean *de
Oratorio*, 13..(7), Reynaud *Cligneti* (8), Jourdain de Loubert,
1333, 1338, 1342 (9); enfin Itier ou Irénée du Puy Aimar;
1324, 1325 (10) et Hugues *Pulverelli*, 1326 (11), sont dits
sénéchaux du Limousin et de la Marche (12).

Nous ne connaissons guère les détails de l'administration de
ces fonctionnaires; mais ils paraissent, sous Philippe III et Philippe IV surtout, avoir servi la politique française avec autant
de dévouement que d'activité. Philippe-le-Bel fit, dans tout
le centre et le midi de la France, des efforts considérables
pour assurer à la royauté une action directe et prépondé-
rante dans le pays. En 1285, son père avait profité des dé-
mêlés entre l'abbé de Saint-Martial et le vicomte de Limoges
pour se saisir de la justice de la ville (13); en 1306, Philippe IV
réussit à acquérir en propre, des héritiers de Gérald de Mau-
mont, leurs droits sur les principales forteresses de la province : Châlucet haut et Châlucet bas, Courbefy, Bré, le Haut
et le Bas-Châlus, Aixe (14); en 1307, il amena l'évêque à accep-

(1) Évêché, 2440.
(2) Bonaventure de Saint-Amable, qui le mentionne, l'appelle, il est
vrai, Simon de Melant.
(3) *Olim*, Parlement de la Toussaint 1293.
(4) *Hist. de Saint-Martial*; Arch. nationales, K 496; Arch. Hte-Vienne,
D 1023.
(5) Arch. Haute-Vienne, D 258 et 259.
(6) *Hist. de Saint-Martial* et Arch. Haute-Vienne, documents relatifs
à Châlucet dans les liasses non classées du fonds de Solignac.
(7) Arch. Haute-Vienne, Solignac et les Allois, pièces non classées.
(8) Arch. Vienne, C 390.
(9) Solignac, pièces non classées.
(10) *Ibid.*; Bibl. nationale, coll. Doat, t. CCXLIII, fol. 67 et suiv., et
Hist. de Saint-Martial.
(11) Hôpital de Limoges et Doat, t. CCXLIII, fol. 14.
(12) Arch. Haute-Vienne, 7854.
(13) Voir les *Chron. de Saint-Martial*, publiées par Duplès-Agier.
(14) Bibl. nationale, man. lat. 11019, fol. 277, et Baluze, *Armoires I*,
t. XVIII, fol. 21.

ter le traité de Pontoise, qui établit un pariage royal dans la Cité même de Limoges et à Noblat Saint-Léonard (1) ; la même année, le Chapitre de Saint-Yrieix consentit à l'associer d'une façon semblable à la seigneurie de cette ville (2).

Par malheur, nous l'avons dit, les successeurs de Philippe IV ne continuèrent pas l'œuvre qu'il avait si bien commencée. Philippe V donna à Henri de Sully les forteresses acquises par son père. Laron et Masléon paraissent avoir été donnés, au mois de mars 1317, en accroissement d'apanage, en même temps que les châteaux et châtellenies de Montmorillon, Niort, Benon, etc., à Charles de France, en faveur duquel le comté de la Marche fut érigé en pairie.

Un bailliage fut créé à Bourganeuf avant 1454 (3) : sa circonscription était vraisemblablement formée des territoires qui composaient le ressort de celui de Laron ; tout au moins les principales localités comprises à ce dernier : Peyrat, Pontarion, Laron, La Pérusse, y furent elles rattachées. On y joignit d'autres paroisses, et l'arrondissement de ce siège paraît avoir été à peu près celui de l'élection de Bourganeuf au xvii⁰ siècle. Quelques écarts en furent détachés : Masléon fut de ce nombre. La suppression du bailliage de Bourganeuf, à la fin du xvie ou au commencement du xvii⁰ siècle, créa, dans cette région montagneuse et écartée, un état de choses dont les intendants signalèrent plus d'une fois les inconvénients et même les dangers. L'enclave poitevine de Bourganeuf, égarée en quelque sorte entre le Limousin et la Marche, était assujétie à certains droits, les droits d'aide, par exemple, qui n'existaient pas dans ces deux provinces. Elle dépendait du gouvernement de Poitou, mais s'en trouvait si complètement isolée et séparée par une telle distance, qu'elle était en quelque sorte devenue indépendante et restait à peu près privée de toute police. Ses relations avec Montmorillon, chef-lieu judiciaire, étaient difficiles et coûteuses. « Il y a plusieurs paroisses de la ditte eslection qui sont esloignées de Montmorillon d'environ quarante lieues françoises, » écrit, en 1688, l'auteur d'un intéressant *Etat des paroisses de la généralité de Limoges* (4). Cet isolement entraînait l'impunité de beaucoup de faits coupables. Bien que les crimes et les délits n'y fussent pas rares et qu'en particulier il s'y commît fréquemment des « vio-

(1) *Ordonnances des Rois de France*, t. XIII, p. 205.
(2) *Ibid.*, t. VI, p. 237.
(3) Arch. de la Vienne, C 390.
(4) Manuscrit de la Bibliothèque communale de Limoges.

lences », il n'y avait, dans le pays, au rapport du même témoin, « mémoire d'aucune punition exemplaire ». Un arrêt du Conseil, du 5 décembre 1667, prescrivit aux intendants d'examiner les changements aux circonscriptions administratives ou fiscales réclamés par le bien public ou le service du roi. L'intendant de Limoges, Henri d'Aguesseau, dressa à cette occasion, le 8 mai 1668, un procès verbal où il demandait quelques modifications (1). Par malheur, le gouvernement recula toujours devant l'établissement d'un siége spécial, seul remède à une semblable situation, étant donnée la coutume particulière à laquelle la contrée était demeurée soumise. Cependant la solution désirée avait paru un moment tout près d'être obtenue; mais au lieu de rétablir la justice royale de Bourganeuf, on érigea une sénéchaussée à Saint-Léonard. On sait qu'elle fut aussitôt supprimée.

Nous avons cherché l'épilogue de l'histoire de notre enclave poitevine dans le procès verbal des conférences tenues le 5 février 1790, entre les députés du Haut-Limousin, pour arrêter définitivement la formation du département de la Haute-Vienne, ses limites et ses divisions. Nous empruntons à cet intéressant document les passages qui se rapportent à l'élection de Bourganeuf :

« ... Il a été convenu que, pour parvenir à un arrondissement convenable du département, on réclameroit différentes parties du Poitou, trop éloignées, du reste, de cette province pour y demeurer réunies, tandis que, par leur proximité, elles étoient naturellement destinées au département du Haut-Limosin, pour lequel d'ailleurs la plupart des communautés composant ces différentes parties de territoire du Poitou, avoient manifesté leur vœu...

» ... La ville de Bourganeuf et la totalité de son élection faisant partie du Poitou, ont été également réclamées de part et d'autre par les délégués du Haut-Limousin et ceux de la Haute-Marche : pour le département de Limoges comme en dépendant déjà, quant à la généralité et au diocèse ; pour celui de Guéret, comme situées dans le ressort de son présidial.

» Après avoir discuté et débattu respectivement les différents motifs allégués, il a été convenu qu'il seroit tiré entre les deux départements une ligne de division, au moyen de

____

(1) Voir le rapport de l'Intendant de Bernage, avec les annotations de M. A. Leroux, dans les *Documents historiques concernant la Marche et le Limousin*, publiés par MM. A. Leroux, E. Molinier et A. Thomas. Limoges, Ducourtieux, 1885, t. II, p. 214 et 215.

laquelle le territoire entre Limoges et Guéret se trouveroit à peu près également partagé.

» Mais ensuite, les députés extraordinaires des villes de La Souterraine et de Bourganeuf ayant réclamé contre cette division, la contestation portée au Comité de Constitution, il a été décidé que les paroisses de La Buxière-Madeleine, Saint-Maurice, Saint-Martin de Chérignac, Saint-Priest-Palus, Auriac, Saint-Moreil et Charieras, qui, par les premières conventions, devoient faire partie du département de Limoges, appartiendroient à celui de Guéret. » (1)

En somme, la presque totalité du territoire de l'ancienne élection de Bourganeuf fut attribuée au département de la Creuse; huit paroisses seulement : Beaumont, les Billanges, Nedde, Peyrat, Plénartige, Rempnat, Sainte-Anne, Saint-Julien-le-Petit et quelques villages étaient incorporés à la Haute-Vienne. La paroisse des Billanges, complètement isolée des autres, fournit un appoint du canton d'Ambazac, auquel elle donna pour limite, du côté de la Creuse, la rivière du Taurion ; tout le reste, qui représentait un territoire compact de plus de 200 kilomètres carrés, forma, avec l'adjonction des paroisses d'Augne et de Bujaleuf (élection de Guéret), d'Eymoutiers et de Domps (élection de Limoges), le canton d'Eymoutiers, de beaucoup le plus étendu et un des plus peuplés (2) du département de la Haute-Vienne.

(1) Arch. Haute-Vienne, série L, liasse 121.

(2) Plus de 36,967 hectares et 16,394 habitants. Le canton de la Haute-Vienne qui, après celui d'Eymoutiers, offre la plus vaste superficie, est celui du Dorat, avec 28,800 hectares et 11,741 habitants seulement.

(Extrait de l'*Almanach limousin*, pour 1886)

Limoges, Imp. V⁰ H. Ducourtieux, rue des Arènes.

OUVRAGES DU MÊME AUTEUR :

Le Château de Châlucet. — Limoges, Souri!as-Ardillier, 1863 (2ᵉ édit. revue et augmentée, 1871).

Crucifixa. — Paris, Dentu, 1863.

Rimes franches. — Paris, Librairie centrale, 1864.

Dolentia. — Paris, Librairie centrale, 1865.

Légendes du Limousin. — Paris et Tournai, Casterman, 1865.

Limoges et le Limousin. — Paris et Tournai, Casterman, 1868 et 1875.

Quelques notes sur la surveillance légale, lettre à un député. -- Paris, F. Henry, 1870.

Les Employés de Préfecture. — Paris, F. Henry, 1870.

L'Assemblée du 8 février et la Loi électorale. — Lyon, Josserand, 1871.

Un Journaliste Girondin. — Limoges, Sourilas-Ardillier, 1871.

De la Grève, du Travail et du Capital, conférence faite à une Association ouvrière de Lyon, le 30 mai 1870 (extrait de la *Décentralisation*). — Lyon, Josserand, 1871.

Questions électorales. — Paris, E. Lachaud, 1871.

Notes de Voyage (Mauvais jours, Ex intimo, Poésies diverses). — Paris, E. Lachaud, 1872.

La Crise des subsistances et les emprunts de la période révolutionnaire à Limoges (extrait de l'*Almanach limousin*). -- Limoges, Vᵉ Ducourtieux, 1873.

Monuments historiques de la Haute-Vienne, rapport de la Commission de la Société archéologique et historique du Limousin (extrait du *Bulletin* de cette Société). — Limoges, Chapoulaud frères, 1874.

Assurances sur la Vie, notions pratiques. — Limoges, V* Ducourtieux, 1876.

Une page de l'histoire du Clergé français au XVIII° siècle. Destruction de l'ordre et de l'abbaye de Grandmont. — Paris, librairie Champion, et Limoges, librairie V*e* Ducourtieux, 1877.

Rimes couleur du temps. — Paris, Dentu, 1877.

Sceaux et armes de l'Hôtel-de-Ville de Limoges. Sceaux et armes des villes, églises, cours, etc., des trois départements limousins. — Limoges, V*e* Ducourtieux, 1878.

Le Parti Girondin dans le département de la Haute-Vienne (extrait de la *Revue Historique*). — Paris, 1878.

Les Pénitents (extrait de l'*Almanach limousin*). — Limoges, V*e* Ducourtieux, 1879.

Les Confréries de Pénitents en France et notamment dans le diocèse de Limoges. — Limoges, V*e* Ducourtieux, 1879.

Coutumes singulières de quelques confréries et de quelques églises du diocèse de Limoges. — Limoges, Chapoulaud frères, 1879.

Anciens registres des paroisses de Limoges. — Limoges, Chapoulaud frères, 1881.

France ! chants, poèmes et paysages (avec MM. G. David, A. Hervo, P. Mieusset et A. Tailhand). — Paris, P. Ollendorff, 1881.

Les Hôtels-de-Ville de Limoges (extrait de l'*Almanach limousin*). — Limoges, V* Ducourtieux, 1882.

Le Livre de raison d'Étienne Benoist (1426). — Limoges, V*e* Ducourtieux, 1882.

*L'Orfévrerie limousine au milieu du XVII*e* siècle* (extrait du journal l'*Art*). Paris, 1882.

Les Dettes de la ville de Limoges et le Conseil municipal. — Limoges A. Ussel et G. Tarnaud, 1882.

L'Eau de ma Cave, deuxième lettre à la municipalité et au Conseil municipal. — Limoges, A. Ussel et G. Tarnaud, 1882.

Le Tombeau de Guillaume de Chanac, à Saint-Martial de Limoges. — Tulle, Crauffon, 1883.

La Famille limousine d'autrefois, d'après les testaments et la Coutume. — Limoges, librairies Vᵉ Ducourtieux et Leblanc, 1883.

Quelques notes extraites du Cartulaire d'Aureil. — Tulle, Crauffon, 1883.

Les Corporations de métiers en Limousin et spécialement à Limoges (extrait de la *Réforme sociale*). — Paris, 1883.

Le Prédicateur Menauld (extrait de l'*Almanach limousin*). — Limoges, Vᵉ Ducourtieux, 1884.

Les Confréries de dévotion et de charité et les œuvres laïques de bienfaisance à Limoges, avant le xvᵉ siècle (extrait du *Cabinet Historique*). — Paris, Champion, 1883.

Commentaires d'Étienne Guibert sur la Coutume de Limoges (1628) *avec une note sur les différents textes de cette Coutume*. — Limoges, Société générale de papeterie, 1884.

Le Bénédictin Dom Col en Limousin. — Limoges, Vᶜ Ducourtieux, 1884.

La Ligue à Limoges (1589). — Limoges, Vᵉ Ducourtieux, 1884.

Journal du Consul Lafosse (1649). — Limoges, Vᵉ Ducourtieux, 1884.

Registres Consulaires de la ville de Limoges, second registre 1592–1662, publié sous les auspices de la Société archéologique et historique du Limousin : publication commencée par M. Émile Ruben, secrétaire général de cette Société et continuée par M. L. Guibert, vice-président. — Société générale de papeterie, 1884.

L'Orfévrerie et les Orfévres de Limoges. — Limoges, Vᵉ Ducourtieux, 1885.

La Corporation Limousine : ses caractères, son rôle, phases principales de son histoire. Rapport présenté au Congrès des œuvres catholiques tenu à Limoges (août-septembre 1885). — Extrait de *La Controverse et le Contemporain.* — Limoges, Vᵉ Ducourtieux, 1885.

Les Emigrés Limousins à Quiberon. — Limoges, Vᵉ Ducourtieux, 1885.